JN411197

따뜻한 속도

따뜻한 속도

김종제 시집

自序

세상에 빛이 있어서 얼마나 좋은가. 그 빛이 사실은 목숨줄이라는 것을 깨닫는 순간이 있다. 얼음의 바닥에 떨어졌을 때, 캄캄한 동굴에 갇혔을 때, 피가 다 빠져나가는 찰나에 빛은 망설이지 않고 살과 뼈와 꽃과 열매와 잎과 뿌리의 그 틈을 뚫고 들어온다. 어둠 속의 나를 잠깐 비춘 빛 한 자락을 잡고자 했으나 허물만 부여잡은 것은 아닐까. 그래도 어찌하랴, 달아난 그 빛처럼 환하고 따뜻한 시 한 편 얻고 싶은 마음 버릴 수 없어 여기 처연하게 쌓아놓고 간다.

2011년 가을에
김종제

| 차례 |

1부

2부

1부

맛 좀 봐라!

어제는
얼음의 들판을 뚫고
복수초가 활짝 피었다
오늘은
불볕의 나뭇가지에 매달린
복숭아가 탱탱하다
내일은
수풀 속에 숨겨놓은
개똥지빠귀의 알이 갈라지리라

허공의 옆구리를
푹, 찌르면서
무료하고 권태로운 세상에게
뜨겁고 매운
맛 좀 봐라! 한다

매미
몇 마리가
우리들도 끼겠다고
한 목소리로 거들어주고 있다

따뜻한 속도

비 온 뒤에
지렁이 한 마리가
땅 위로 기어가고 있다
안개 지나간 뒤에
달팽이 한 마리가
나뭇잎 위로 기어가고 있다
흙에 풀에
맨살의 배를 바짝 붙이고
온몸을 수레처럼 천천히 끌면서
비탈길을 올라가고 있다
짐을 잔뜩 싣고
바퀴 지나간 자국에서
따뜻한 열기가 솟아오른다
멈춘 듯 선 듯
결코 서두르지 않는
저 아름다운 여행
제 몸의 체온을
오래도록 나누어 가지려고
속도를 지우고 있는 것이다
손을 내밀고

눈을 마주치기 위해서는
발을 멈추어야 하듯이
안아주고 업어주기 위해서는
발이 바닥에 붙어 있어야 하듯이
평생이 단지 한 걸음뿐이라고
뜨거운 살로 걷는 것이다

투명한 힘

무엇에 놀랐는지
화들짝 핀 능소화 꽃들이
무너지는 담벼락을 받치고 있다
저 힘을 어디서 보았을까
동네 한가운데 우루루 몰려들어
어둠을 향해
횃불을 들고 달려가는 저 힘을
한낮에 어깨동무하며
침묵으로 행진하는 저 힘을
심장을 꿰뚫어버리는
투명한 저 꽃의 힘을 어디서 보았을까
불같은 시절을 견디다보니
손 내미는 것들 너무 많아
몇 푼씩 떼어주고 나서
반듯하게 세워놓지 못한 것들이
바람 한 번 세게 불거나
큰물 한 번 지나가면
뿌리가 자주 흔들렸다고
꽃들도 안타까웠을 것이다
그러니 무너지는 것들 옆에

쓰러져가는 것들 사이에
든든한 기둥처럼 붙잡고 견디라고
꽃이 피는 것이다
마음 흐린 날이면
한꺼번에 내밀어준 힘이 있어
능소화에 이렇게 등을 기대는 것이다

착한 밥상

저녁 밥상에
고봉으로 담은 거친 밥 한 그릇과
식은 콩나물국에 냉이 반찬
달랑 한 접시뿐이다
불에 구워 뒤틀린 살점도 없고
칼에 잘려나간 뼈도 보이지 않는다
봄날에 저절로 쑥 일어난
들판 같은 저 밥상을 받고
수저를 들며 한 술 떠넘긴다
입술에 닿는 미소
혀에 녹는 웃음
목구멍 속으로 넘어가는 폭소
뭇 생명을 없애지 않고
배부른 한 끼 식사가 참으로 착하다
혼자 먹는 밥상이라고 탓하지 마라
삼월 햇살도 건너편에 앉아
흐뭇하게 바라보고
이제 막 봉오리 터진 꽃들도
누룽지 숭늉 얻어먹겠다고
댓돌에 신발 벗으며

마루로 올라오고 있다
힘없는 이도 쉽게 들 수 있는
가벼운 밥상을 받는 것이란
한 목숨이 다른 한 목숨을 구하는 일이다
착한 밥상이란
물 한 그릇으로도 열매 맺는 일이다

물 끓는 소리

함박눈으로
요를 깔아놓고
보름달빛을 이불로 덮어
고이 잠든 와불臥佛에게
새벽같이 차 한 잔 드리려고
장작불에 주전자를 올려놓는데
세상에 처음 들렸다는 소리
저 밑에서부터
화산처럼 피가 터져 나왔던
물 끓는 소리가 율려律呂다
불과 물이 부딪혀
살과 뼈가 뜨거워지는 소리
그 소리에 끌려
잎 가진 것들은 뿌리를 내렸고
날개 가진 것들은 솟아올랐다
그 소리를 닮으려고
숲은 점점 푸르러졌고
강은 갈수록 깊어졌다
그 소리를 잊지 못해서
돌처럼 딱딱하게 굳었던

무덤 속 심장이 뛰기 시작했다
공양으로 차 한 잔 마시고
드러누운 와불의 등에 가슴에
봄꽃들이 보글보글
물 끓는 소리로 피고 있었다

무한동력

나무의
감 몇 개가
잘 익은 채로
겨울 눈보라에
딱딱하게 굳은 뒤에
마침내 활화산처럼
붉은 쇳물을 내뿜고 있어
밤마다 환하다
단 한 알의 열매만으로도
세상이 뜨거워지는 것이
한 생이 지닌 피를
머리부터 발끝까지
무한하게 돌리는 태양 같은
어머니의 젖가슴 아닌가
입에 물려
목구멍을 넘어간
젖 한 모금만으로도
숲으로 강으로
물속으로 불 속으로
내가 평생을 돌아다녔으니

당신이 무한동력 아닌가
씨를 뿌리고 열매를 낳고
그 열매가 또 씨를 낳았으니
내가 또 무한동력 아닌가

느티배미

층층의 소금밭을
느티배미라고 한다
잘 익은
바다 열매를 맛보기 위해
보름 정도 앉혀놓는 밭이다
소금꽃 보기 전에
별 아래
퍼런 물의 살 태우는
밭이다
온몸으로 굵은 놈 얻어낼
어머니의 궁宮같이
생명 얻어내는 밭이다
씨뿌려 거두는 것이 아니라
울력으로 받아내는
목숨밭이다
한 해 묵묵한 노동으로
마침내 배 부풀어 오른
만삭의 염부鹽婦를 찾아
느티배미에서는
하늘도 바람도

산파産婆가 되어주는 것이다

인민부처

저 아래 남도에
땀 냄새가 나는
부처가 있다
배고프고 목마른 사람들 살려내라고
뒤돌아서서 벼락을 맞았다
맹서했던 마음 변치 말라고
살도 뼈도 오장육부도
그 속의 피도
찰나에 돌로 굳어버렸다
뭍 속에 자빠진 사람들 들어내려고
밑바닥으로 굴러 떨어졌다
물속에 빠진 사람들 건져내려고
뻘까지 기어 내려갔다
징징 울어대는 세상의 자식들에게
젖을 꺼내 물렸다
몸속 항아리에서
한 바가지 육수를 꺼내
사내들의 입안에 쏟아 부었더니
칼 같은 뼈는
뱀허물처럼 말라비틀어졌다

배부른 여인네가
해산이 가까워졌는지
부처 같다

열매, 미라

철 지나도록
손에 닿지 못하게
높은 곳에 매달려 있어
바짝 말라비틀어진 열매처럼
몇백 년 동안
썩지 않고 미라가 된
여인이 발견되었다
살을 떼어주고
젖을 내준 어미였다
어미는
마침내 미라가 되는 것이라고
화석이 된
열매가 발견되었다
몇 점 남지 않은 살을 가르니
미라가 된 여인의 뱃속에서
울음을 터뜨리지 못한 목숨처럼
씨앗이 드러났다
흙 속에 묻어두고
꽃 핀 줄도 모르게
한철이 지났을까

미라 같은 단단한 열매가
가지마다 그득하게 맺혔다

금강계단 비녀쇠 돌쩌귀

손에 쥔 문고리
아무리 세게 잡아당겨도
누구에게나 열리지 않는 문은
하나씩 있는 모양이다

진짜 사리 보자고
통도사 금강계단으로 가는 문
동안거 끝난 지도 한참 지났는데
비녀쇠 돌쩌귀가 녹이 슬었는지
꿈쩍도 않는다
애초에 절집에 와서
절 한 번 한 적 없고
무릎 꿇은 적 없어서일까
기별도 하지 않고
손에 들고 온 것도 없이 찾아왔으니
문전박대하시는 것일까
당신한테 엎드려
제대로 참회 한 번 하겠다고
삐걱거리며 제대로 열리지 않는
문짝을 들어내어 고친다

이참에 아예
내가 돌쩌귀로 들어앉겠다

슬픈 꽃

태국의 국경마을
쓰레기 야적장에
불법체류처럼
키 작은 꽃대 하나 쑥 올라왔다
겨울 찬바람에 목이 부러질 듯
벌거벗은 꽃 한 송이가 위태롭다
저 슬픈 꽃을 어디서 보았던가
마량리 어디였던가
세찬 바닷바람에
꽃은 어디로 달아나고
선혈만 지천으로 발에 밟히던 곳
절벽의 저 꽃 지더니
물 건너 쓰레기 위에서
이제 막 봉오리가 벌어지고 있다
하루살이의 난민 같은 저 꽃
피 흘리며 얻은 목숨이니
시뻘건 저 꽃
뼈마디마디 활활 타고 있는 저 꽃
이제 막 터져버린 화산 같은
관 같은 무덤 같은 저 꽃

선운사 어디에서 보았던가
온몸에 기름 끼얹고
불 지르려고 대웅전으로 달려들던
슬픈 저 동백꽃

월척越尺

물속의
지렁이와 떡밥
흙 위의
빗물과 햇살
던져놓은 미끼에 걸려
지상으로 낚아 올린 생은
모두 다 월척이다

한 입 물다가
밖으로 끌려나와
얼음의 바닥을 땡볕의 허공을
지느러미 연신 치면서
날개 파닥거리는 몸뚱어리들이
한 자가 넘는다

알을 깨고
배를 찢고
씨앗을 터뜨리고 나온
목숨들은 본래 다 월척이다

저 눈부신 살갗
저 묵직한 뼈대를 가지고
물속을 가르며
허공을 흔들며
멋지게 살아볼 일만 남았다

나침반

보름달빛을
밤새 받아먹고
살이 꽉 찬 사과 한 알
바닥으로 툭 떨어지더니
온갖 벌레들이 들끓고 있다

몸 풀고
부풀어 오른 젖을
덜썩 누워 꺼내놓는 개 한 마리
먼저 먹겠다고
새끼들이 우루루 몰려들고 있다

물 거슬러 오르다
지느러미마저 떨어져나간
연어 한 마리
돌아와 묻힐 무덤 같은
알을 부지런히 낳고 있다

그런 것이다
어미는 다 나침반인 게다

제 육신을 떼어 주었더니
눈이 광배처럼 떠지고
귀가 벼락처럼 열리고

생의 길이 한꺼번에 펼쳐지는 것이다

금은장매조문갖은을자도

가장 날카로운
칼이 되고 싶었던 것이다
한시라도 품에서 놓지 않고
금으로 은으로 날을 세워
온몸을 번뜩이고 싶었던 것이다
집에서 빼내
한 손에 가볍게 쥐고
지상의 폐부에 깊숙하게
매화를 새겨놓고 싶었던 것이다
허공의 목에
새 한 마리 찔러 넣고 싶었던 것이다
어둠을 밝히는 촛불에
바람같이 불순한 것들이나
고요하게 흐르는 강에
홍수같이 부정한 것들을 보면
슬쩍 발끝을 밀어 넣고
반쪽으로
쩍 갈라지게 만들고 싶었던 것이다
몸에 지니고만 있어도
무덤 속의 피가 거꾸로 솟구치는

장도粧刀가 되고 싶은 것이다
관 속의 살이 부들부들 떨리는
패도佩刀가 되고 싶은 것이다
옛날의 노리개처럼
칼이 된 나를
세상이 가지고 놀아주었으면 했다

목욕재계

관을 내려놓고
며칠이 지났을까
입술이 바짝 말랐다
목이 시커멓게 타들어갔다
살은 쩍쩍 금이 가고 찢어졌다
사는 것이
죄라고 말씀드렸더니
마른 가슴에 비가 내리기 시작했다
눈을 버리고 맹목을 보라 했다
귀를 버리고 관음을 들으라 했다
혀를 버리고 함묵을 말하라 했다
그러니까 뼈로 서 있으라고 했다
정수리부터 발바닥까지
축축하게 불을 끼얹으라고 했다
육신을 모조리 허물고
바닥부터 다시 시작하라고 했다
씨앗을 터뜨리는 일부터
꼿꼿하게 대를 세우고
잎을 펼치는 일까지
꽃 피는 일이란 얼마나 위대한가

사나흘 전부터 곡기를 끊고
목욕재계로 용맹하게 돌진하였으니
귀한 목숨 하나 건졌다
미륵이 활짝 피었다

만삭滿朔

허공에 뜬 달이든
땅속에 부풀어 오른 씨앗이든
나뭇가지에 돋아난 새순이든
속에 꿈틀거리는 목숨이 있으므로
이제 곧 울음 터뜨릴 일만 남은 것이다
양수가 터지듯이
보름달빛이 쏟아지고
흙을 가르며 꽃대가 올라오고
껍질을 뚫고 잎이 펼쳐지고 있다
빈 곳 없이 가득 들어찼으므로
안에서 밀쳐내고
밖에서 끌어당기고
벌거벗고 나온 저 희망찬 몸짓에
눈이 부시다
내가 어머니 뱃속에서 또 만삭이었을 때
장독대 위에 물 한 그릇 떠놓고
열매처럼 속이 단단해지고
움처럼 새로워지라고
보름달에게 빌었다는데
나도 뱃속에 생을 하나 품어서

고운 미소를 지으면서
향기로운 말만 하고
사랑스런 행위만 한 다음에
마침내 지상을 뜨겁게 달굴
생명을 순산하고 싶은 것이다

순장殉葬

담벼락 아래 숨어
불같은 시절을 견뎌낸
장미 한 송이가
한여름 쏟아진 폭우에
온몸 축축하게 젖은 채
허공을 부여잡고 있는데
손이 묶였는지 발을 감았는지
목숨을 받았는지 마음을 주었는지
함께 쓰러진 꽃 한 송이가
진흙에 드러누워
선혈 같은 피를 흘리고 있다
순장 같은 저 生을
어디서 보았던가
천 년하고도 몇백 년 지나가버린
가야의 어린 소녀의 뼈가
흙 속에서 발견되었다
누구의 소유였을까
누구를 사랑했을까
몸을 묶은 쇠줄은
이미 썩어문드러져 없어졌는데

한 생이

한 생에게 바친

愛情이 얼마나 뜨거웠는지

나는 감히 눈을 뜰 수가 없었다

관

둥근
흙 속에서 나왔다
단단한
돌 속에서 나왔다
온몸에 가시가 달린들 어떠냐
온몸이 찢겨나간들 어떠냐
아, 이젠 숨 쉴만하다
지금까지 못 박히며 살았다
여태까지 빗장 걸어놓고 살았다
몇 겁이 지났는가
몇 찰나가 지났는가
누군가 못 빼는 소리
누군가 문 여는 소리
가슴이 벌어지면서
등이 갈라지면서
쏟아져 들어오는 꽃향기
아직 숨이 가쁘지 않는데
한 천 년
눈물 쏟으며 걸어간들 어떠랴
한 만 년

핏물 흘리며 누워 있은들 어떠랴
무쇠를 밀고 나왔다
바위를 넘어뜨리고 나왔다
바닥의 장미도
허공의 태양도
관에서 나온 것이다
그 모든 자궁을 열고 나왔다

달의 발성법

지상에서
멀리 떨어져 있다고
달은 슬쩍 몸을 기대어
목소리를 들려주는 것인데
저녁 산사의 범종 소리,
어두운 냇가의 물 흘러가는 소리,
한밤중에 눈 내리는 소리,
어스름 새벽에 벌레 우는 소리,
숲의 뿌리 깊어지는 소리,
들판의 꽃대 올라오는 소리,
강의 얼음 녹는 소리,
쌀 안치는 소리,
방바닥 뜨거워지는 소리,
이제 막 해산하는 소리처럼
목숨 가진 것들의 입을 빌려서
발성을 하는 것인데
그 소리를 잘 들어보면
우주 어딘가에서
끊임없이 들려오는 빛의 소리
온몸으로

너를

사랑하고 싶다는 소리

땔감

여름 한낮에
밥 한 끼 먹는 일에도
겨울 한밤중에
등 눕히는 일에도
불이 필요한 법이다
살도 뼈도
남김없이 다 준 뒤에
마지막으로 숨골에 활활 불 질러
저와 붙어 있는
生을 펄펄 끓어오르게 하는 일이다
목숨 함부로 버리지 못하게
속이 든든해지고
피가 뜨거워지는 일이다
그래서일까
산사에서는
불이 잘 난다
때로는 장작을 높이 쌓아놓고
일부러 불을 지르기도 하는데
오늘도 스스로 땔감이 된 스님이
입적이라는 핑계를 대고
동안거 들어가기 전에

손발이라도 따스하게 하라고
북녘 찬바람을 덥히고 있다

둥근잎꿩의비름

발 하나는
절벽에 묶여 있고
손 하나는
허공을 딛고 있어
깎아지른 삶이 치명적이다

온몸의 피가
머리끝으로 몰려
코로 입으로
열려 있는 구멍은 죄다
붉디붉은 선혈이 튀어나왔다

수직의
칼 같은 삶이라
눈빛만으로도
쉽게 베어지고 갈라질
벼랑의 生이 극도로 위태롭다

삶과
뿌리의 그 사이

꽃과
죽음의 그 경계
목숨으로 밀고 나가는
사랑은 저렇게 황홀한 법이다

매독梅毒

한 그루
매화가 눈에 사무쳐
그림 팔은 돈으로
매화를 사들이고
남은 돈으로 잔치를 벌였다는 단원과
기생 두향이
사랑의 징표로 건넨 매화를
차마 거절하지 못하고 받아서
죽는 순간까지 바라보며
저 나무에 물 주거라, 했던 퇴계

나는 지금
매화梅花를 이야기하려는
것이 아니다
독毒을 말하려고 하는 것이
아니다

꽃은
유배 같은
불편한 진실 같은 것이고

역적 같은
비장한 맹세 같은 것이다
매화뿐이겠는가
꽃은
수상한 애정 같은 것이고
이기적인 잔치 같은 것이다

매화나무가
철 지났는데도
꽃이파리 여태 매달아놓고
담 너머로 독한 향을 내뿜고 있다

무릎

아버지는
무릎을 꿇고 밭을 매셨다
어머니는
무릎을 꿇고 밥상을 올렸다
나는 그 무릎에서 먹고 놀았다
무릎을 꺾어야
구절초도 더 잘 보이고
무릎을 굽혀야
시나위도 더 잘 들리고
무릎으로 걸어야
신전으로 가는 길이 열리고
무릎에 앉혀야
은밀한 속살까지
생생하게 느낄 수 있는 법이다

주렁주렁 달린 열매 때문에
포도나무가 무릎을 꿇었다
열매를 탐하던
벌레들도 무릎을 꿇고
혀를 내밀었다

벌레를 기다리던
새들도 무릎을 꿇고
날개를 접었다

무릎이 없었다면
그 무엇이든
가까이 갈 수 없었을 것이다
무릎이 있어
진정한 용서가 되는 법이다

묘막墓幕

큰비 맞아
후두둑 떨어지는
열매 아래
묘막이 하나 생겼다

묘막이 무엇이던가
칠일七日 밤낮을 걸어가
같이 지내지도 못하고
죽을 때까지 그리워하면서
얼굴에 상처를 낸 후에
가슴에 지었다는 그 집 아닌가

사랑하는 사람들은
제 몸에
무덤 하나씩은 있어서
그 옆에 초막 하나 지어놓고
평생을 울어주기를 원하는 것이다

이른 저녁부터
묘막에서 들려오는 곡하는 소리가

살갗을 파고들고 있어

나도 무덤 하나 꿋꿋하게 지켜야겠다

얼음감옥

잘 익은
복숭아를 가르는데
뼈째 말라붙은
벌레 한 마리 튀어나왔다
스스로 파고들어간 동굴의
문을 찾지 못한 것일까
배고픈 이승으로
다시 나오는 것을 거부한 것일까
손발 놀릴 필요도 없이
편히 앉아
한 그릇 밥을 매일 받아먹었으니
살은 부풀어 올랐을 테고
안락했던 방은
점점 얼음처럼 굳어져
마침내 몸에 딱 맞는
한 칸 감옥이 된 것이다
미라가 된 벌레를 바라보니
평생 감옥에 갇혔던
한 사내가 문득 생각이 난다
그늘 속 얼음이 녹기만을 기다려

목숨을 던진 저 사내 때문에
감옥은 모두
얼음으로 지어야 옳다
봄날 따스한 햇살에
쇠창살도 담벼락도 녹아버리는
얼음감옥이 되어야 쓰것다

돌무지덧널무덤

내 죽으면
광을 파고 목곽을 넣고
돌로 덮은 뒤에
봉토를 씌워달라 하겠다
신라에서 말달렸던 그날처럼
허리에 차고 다녔던
번쩍이는 양날의
황금보검도 묻어달라고 하겠다
당신 죽으면
목에
진주목걸이 걸은 채로
내 곁에 합장해달라고 하겠다
관 속에서
밥 한 그릇
물 한 잔 떠 놓고
손을 묶고 꿈꾸듯 지내다가
먼 훗날
나무도 썩고
돌도 무너지고
살과 뼈도 사라져버렸을 때

칼 같은 나와
진주 같은
당신만 남게 해달라고 하겠다

문맹文盲

세상의 모든 어미는
문맹이다
입술과 혀 대신
가슴으로 읽고
눈빛으로 가르친다

개 한 마리가
눈도 안 뜬 어린 강아지에게
젖을 내밀고 있다
새 한 마리가
털도 안 난 어린 새에게
먹이를 건네주고 있다

꽃 중에
문맹의 꽃도 있다
편지 읽어주고 써줄
누구 찾느라고
봄날 다 지나간 뒤에 피는
글 못 읽는 꽃이 있다

문맹은

맹신盲信 같아서

희거나 붉거나 장미꽃 같다

꽃자리

늙은 아버지
십여 년 구완하느라
두 손 묶여 시집도 못 간 누이가
마침내 유골을 묻고 돌아와
잠깐 눈을 붙이려 하니
피를 나눈 형제가
병으로 덜컥 쓰러져버렸다고
옷을 싸들고
부리나케 강을 건너 달려가
한 생生이 완치될 때까지
절대로 돌아오지 않겠다고
맞아, 그렇지
꽃이 자리 정해놓고 피어나는가
계곡의 그늘진 곳에서도
벼랑의 얼음 위에서도
꽃은 피지 않는가
찬바람 부는 지하 계단에서도
질퍽한 시장바닥에서도
꽃 피는 자리가 있지 않는가
설산의 봉우리 끝에서도

캄캄한 막장의 바닥에서도
꽃을 보면 반갑지 않는가
뿌리를 살며시 내리고
제 가진 피와 살을 나눠주는
그곳이 어디든지
꽃자리가 틀림없다

희망에 대한 속설

어떤 이는
얼음을 뚫고 나오는
복수초라 하고
어떤 이는
껍질을 찢고 나오는
매화라고 하고
누구는
둥지에 품고 있는 알이라고 하고
누구는
고치 밖으로 펼친 날개라고 하는데

나는 육신이라는
그 단단하고 두터운
갑옷 속에 감추어놓은
한없이 부드러운 마음 같은 것이라고

살을 베어 밥으로 덜어주고
그의 입속에 들어가
피를 뜨겁게 데워주고
옷을 벗어

한 칸 방이 되고
몸으로 안아
절 한 채 되어주는 것
그 속에 아궁이 하나 만들어놓고
바닥부터 천장까지
도끼로 패서 불을 지르는 것

문門

흙의 대문을 열고
나무가 올라온다
나무의 미닫이문을 열고
꽃이 올라온다
꽃의 창문을 열고
향기가 퍼져 나간다
몇 번
달이 차고 기울었으므로
자물쇠 풀어지고
문이 열린 것이다
그러니까 세상의 모든 것에는
숨겨진 문이 있다는 것인데
어제 적신 빗발이나
오늘 쌓인 눈발이나
어디서 왔겠는가
저 위의 어느 문이
비로소 열린 것이다
당신도 한 열 달
뱃속에 만삭으로 품고 있다가
마침내 때가 되었다고

문밖으로 건네주었으니
그 목숨이
또 문을 열고
새벽 같은 문을 만들고 있다

망치에 대하여

한 사내를
나무에 묶어놓고
쾅쾅, 못을 박았던 망치가
몇천 년 지난 오늘 비로소 발견되었다

박물관에
고이 보관된 망치는
손잡이도 없었고
두 손과 두 발을 꿰뚫어버린
못을 때리던 부분은
돌이나 쇠가 아니었다

투명한 유리관 앞에
놓인 글은
그때 그를 내려치던 망치라고 적혀 있었지만
아무리 봐도
관 속은 텅 비어 있었다

앞 다투어 몰려든 사람들은
관을 들여다보고

고개를 끄덕이거나
손가락질하면서
밍치와 관련한 이야기를 나누고 있었다

저 투명한 관 바깥에서
허공을 쾅쾅 내려치는
소리를 들은 사람이 하나도 없었다

눈꺼풀 언어

그 사내가
움직일 수 있는 것은
미세한 전류가 남아 있는
눈꺼풀뿐이었다

말하자면
달콤하게 속삭이던 입술과
현란하게 휘갈겨 쓰던 손가락을 버리고
가장 순수했던
눈짓의 원시로 되돌아간 것이었다

하루에도 몇 편씩
눈꺼풀로 천장에 옮겨놓은 글이
외계의 무슨 부호 같아서
해석할 수가 없다

누구는
말도 글도 없이
마음으로 마음을 전했다고 하는데
마침내 다다른 경지가

껍질에서 벗어나는 것이었을까

번역할 수 없는
언어가 있으니
필시 저 사내는 몸속에
천국을 거닐었던 날을 기록했던
쐐기문자를 새겨놓았음에 틀림없다

2부

꽃묘

꽃은
죽은 이의
무덤이다 묘墓다
사랑이 들었든 병에 걸렸든
끝까지 갔으므로
마침내 목숨 놓는 순간
관을 닫는 사이에
땅에 묻고 돌아서는 찰나에
화신化身이 되어
꽃은 핀다
그래서 꽃을 보면
그렇게 눈물이 쏟아지는 것이다
그래서 꽃을 가까이 하면
그렇게 지독하게 아픈 것이다
저 불귀의 혼을 달랜다고
꽃을 뿌리고
꽃을 밟는 것이다
예전에 누군가
이 몸을 묘墓에 쓴다고
씨앗을 심어두었는지
꽃이 활활 피고 있다

사람 냄새

동굴 속으로 들어가
쑥과 마늘만 먹으면서
수십 일을 살다가
몸 바꾸는 일이라든가
꼬리 아홉 달린 여우와
수백 년 묵은 뱀이
마을로 짝 얻으려고
변신하여 내려오는 것

그러니까
그 사람 냄새라는 것은
땀 냄새요
눈물 냄새일 것 같은데
못 박히고 목숨 내준,
옷 벗어주고 살 베어내 준
그런 냄새 혹시 아닌가

그러니까
사람 냄새라는 것은
얼음도 이겨내고

불도 겪은 뒤에
이 빠진 채로 웃는
늙은 얼굴 드러내는 일이니
그 냄새가 우주까지 향기롭겠다

등신等神

나무나 돌
혹은 흙이나 쇠 따위로 만든 사람
아니, 신의 모습이라는데

말귀 못 알아듣는 백치 같은
고집 꺾을 수 없는 벽창호 같은
현실에 어두컴컴한
바보와 닮은 것이지요

절간에서나
교회당에서나
제법 깨우쳤다는 사람들은
등신이라는 소리를 들어야지
문밖으로 나갈 채비가 되었다고 한다는데

내 살을 팔아서
허기진 사람들에게
밥 한 그릇 나눠주고
내 피를 팔아서
목마른 사람들에게

물 한 모금 나눠주는
등신 같은 짓만 골라서 한다면
세상은 조금 아름다워지겠지요

그런데 곰곰이 생각을 해 보니
우리 주변에
등신 같은 것들이 얼마나 많은지요
꽃이란 꽃과 열매란 열매
그 많은 나무와 지저귀는 새
비 한 번 오면 넘쳐흐르는 강물까지
등신이 아닌가 그 말이지요

불어 끔

은평恩平의 은행나무에
은혜 같은 열매가
속살까지 단단하게 굳은 채로
나뭇가지에 매달려 있다

숨을 다 내뱉고
열반하셨으니
은행도 껍질 속에
절 한 채 짓고 가부좌 틀었다

열반의 본래 뜻은
'불어 끔' 이라고 한다

뼈마저 뜨거웠던 때
살을 뚫고
피조차 증발한 적이 있었다
물도 바람도
육신을 결코 잠재우지 못하였으므로
스스로 불이 되기로 하였다

불 속에 몸을 던졌다
불덩어리가 벌레처럼 달라붙었다
입속으로 눈 속으로
거부하지 않고 받아들였으니
불의 씨앗이 되었다

마침내
그 씨앗이 탁, 터져서
온몸을 단박에 불어 끄는 것이
적寂이라고 한다

마지막 망명

허공에 잠시
몸 눕힐 방 하나 얻지 못하고
철따라 떠돌아다녔다, 저어새
바닥에 잠시
몸 앉힐 마루 하나 들여놓지 못하고
물 따라 헤매고 다녔다, 연어
망령처럼 쫓겨 다녔다
회귀의 꿈만 꾸었고
귀환의 노래만 불렀다
태어난 곳을 찾아가다가
날개 부러지기를 몇 번
지느러미 뜯겨나가기를 몇 번
눈물 흘리며 돌아가서 낳을
알을 위해
그 알을 깨고 나올 목숨을 위해
그 목숨으로 찬란해지는 세상을 위해
적의 칼날도 달게 받았다
적의 총탄도 품에 안았다
살을 베어주고 둥지를 지었다
뼈를 잘라주고 굴을 팠다

마지막으로 망명한 곳이
마침내 무덤이요, 관이었다
몇 번을 죽었으므로
새가 되어 허공으로 날아갔다
몇 번을 살았으므로
물고기가 되어 바닥으로 헤엄쳐갔다
육신이 전생이 망명지였다

뼈피리

살은 떼어주었는지
뼈만 남았다, 저 사내
못 박혔던 흔적으로
구멍이 숭숭 뚫렸다, 저 사내
핏물 다 빠진 후에
동굴 속에 묻었다, 저 사내
바위틈으로
밤새 문 두들기는 소리가 들려왔다
천둥과 벼락이 내려치고
폭풍우가 휘몰아치고
한 석 달 열흘 비만 내렸다
새벽같이 관을 열고 들여다보니
피리 하나 남았다
지하도 계단에 앉아
뼈에 구멍을 낸 사내가
팔을 내밀고 있었다
품에 안은 녹음기에서
누군가 피리를 불고 있는지
발이 자꾸 헛디뎠다
저 소리 밟고 올라가는데

바닥이 허공이었다
몸에서 울려 퍼지는
저 피리 소리 듣고 모여들었으니
길 잃은 무리들을 이끌고
출애굽길처럼
해방의 길 떠나고 싶었는지
온몸의 구멍에서
비명 소리 질렀다, 저 사내

청화백자철사진사국화문병

일천칠백 년 때였으니
꽃피는 조선의
어느 날쯤이었을 게다
경기도 광주의
피 끓는 젊은 도공이
연분홍 치마를 살며시 손에 쥐고
대궐집에 불려가는 기생인지
아리따운 여인네를 봤것다
저고리 위로 드러난 목줄기가 뽀얗고
가볍게 흔드는 엉덩이는
환한 달덩어리 같고
오월의 봄날이라
길가에는 국화도 어여쁘고
난초도 향기롭고
나비는 이미 날아와 앉아 있고
벌은 붕붕 날아다니고
혼을 쏙 빼버리고 골목으로 사라져버린
여인네를 밤새도록 꿈에 품고 있다가
새벽같이 일어나
백자를 굽는 것이었다

조선에 하나밖에 없는
아니, 세상에 하나밖에 없는
사랑을 굽는 것이었다
그리하여 평생토록 품어 안을 수 있는
매끈한 병을 하나 만들었던 것인데
그 여인네가 그리울 때마다
그 병에 술을 담고
입술을 마주 댔다는 것이다

칼집

비스듬히
날을 세우기만 하여도
깊은 상처를 내고야 마는
칼이
가장 안전하게 놓인 곳은 어디인가
바로 집 아닌가
어머니는
살과 뼈가 떨어져나가는 것도 잊고
칼날을 받아들이곤 했다
아침마다
집에서 나온 칼은
종잡을 수 없이 위태로웠다
때로는 칼보다 더 날카로운
무기들이 집으로 덤벼들었고
때로는 반쯤 부러져서
달빛처럼 기어들어오기도 했다
자주 행방불명이 된
칼을 찾기 위해
나는 몇 번이나 밀림을 헤매기도 했다
어머니는 내게

칼을 쓰는 일보다
칼을 가둬두는 법부터 배워야 한다고 했다
어머니는
날카로운 그 칼날에
정확하게 들어맞는 집을 가지고 계셨다

꽃의 복종

그대의 뜻에 따르겠다고
매화는 피는 것이다
그대에게 몸을 맡기겠다고
진달래는 피는 것이다
그대를 향하여 무릎을 꿇겠다고
산수유는 피는 것이다
그대의 말씀에 거역하지 않겠다고
목련은 피는 것이다
물 한 모금 주지 않았는데도
들판에서 계곡에서 산자락에서
고개 숙이고 일어선
철쭉과 동백과 모란과
아, 모든 꽃은 마침내 복종이어라
아, 한쪽으로만 치달리는
복종만큼 아름다운 것은 없어라
한 생에게
한 생을 바치는 것만큼
절묘하고 환상적인 것은 없어라
대처럼 꼿꼿하게 올라왔다가
마음 다 주는

복수초와 현호색과 수선화와
아, 모든 꽃은 드디어 복종이어라
아, 한곳만 바라보는
복종만큼 향기로운 것은 없어라
한 목숨에게
한 목숨을 주는 것만큼
거대하고 무한한 것은 없어라

꽃봉오리 다 터져버렸땅께

순천의 송광사
잘도 구경하고
일주문 내려오는 남정네
이제 막 혼자 올라가는 여인네한테
실실 웃으면서
아따, 봄날이라고 땅은 질퍽거리고
꽃봉오리 다 터져버렸땅께
못 들은 척
푸른 이끼의 물을 건너
대웅보전 꽃살문을 살며시 여는데
불시에 스며든 햇살 한 줄기에
부처의 봉오리도 터져버렸다
때맞추어
덩덩, 범종 소리에
얼어붙은 물의 숨결이 터지고
둥둥, 법고 울리며
묶어놓은 숲의 핏줄이 터지고
대지의 심장이
쾅쾅, 불꽃처럼 터지고 있다
깜짝 놀라 달아난 뒤란에는

지눌의 감로탑이 열리고
튀어나온 사리들이
허공으로 솟구쳐 올라
향기로운 폭탄을 터뜨리는데
내 꽃봉오리도 다 터져버렸땅께

49재

몇 점 남지 않은
살은 불살라버렸으므로
눈앞에 내민 얼음의 뼈를
잘게 부수어 흙 속에 묻었다
엎드려 부복할 봉분도 없이
부둥켜안고 통곡할 비석도 없이
해가 지고 달이 뜨는 것을 보았는데
49일이 지나갔다고 한다
이승도 아니고 저승도 아닌 중유中有에서
살아생전의 마음자리를 보고 계신다고 한다
다음은 어떤 생生이 좋을까
궁리하고 계신 것일까
어제는 붉은 동백꽃을 보았는데
오늘은 저 밑의 어느 섬에서
흰 매화가 피었다고 한다
그제는 이파리 얼어붙은 빙벽을 걸어갔었는데
오늘은 벌레 꿈틀거리는 진흙을 밟았다
내일은 분명 창을 열고
당신의 목소리를 흉내내는
새가 날아와 앉을 것 같다

아니면 당신의 걸음걸이를 닮은
나비 한 마리 건너올는지도 모르겠다
흙 속을 이곳저곳 구경하다가
나무 한 그루로 불쑥 솟아오르거나
그것도 싫증이 나면
허공을 이리 저리 돌아다니면서
별안간 소나기나 눈발이 되어 내리시던지

일침一鍼

삶에 때때로
일침이 필요한 법이다
막힌 하수구멍에
공기를 한 방 세게 밀어넣어 뚫거나
빗물 들어찬 논에
벼가 잘못 썩을라치면
한 구멍 물꼬를 터주는 것처럼
가장 중요한 시점에
아주 급한 부위에
일침을 써야 하는 법이다
그 침을
물고기한테도 써먹는다고 하는데
아가미 근처에 침 한 번 놓으면
기절한 채로 뭍의 먼 곳까지 실려 갔다가
침 한 대 또 맞으면
언제 그랬냐는 듯이 깨어난다는 것이다
그 일침이라는 것이
꽃 피는 데도 필요하다는데
날카로운 바늘 같은 햇살이
땅속 씨앗에 침을 한 방 놓으면

꿈틀거리며 꽃대가 올라오는 것이고
씨방에 침을 한 방 놓으면
둥글게 열매 부풀어 오르는 것이다
그러므로 일침이라는 것은
죽어가는 것을 살려내고
새 목숨을 얻어내는 것이므로
네 썩은 몸 어딘가에 일침으로 박아 넣을
큰 못 하나 들고 다니는 것이다

후천後天

비 내리고
꽃 활짝 핀 다음 날
햇볕 내리쬐고
열매 탱탱하게 익은 다음 날
바람 불고
나뭇잎 우수수 진 다음 날
눈 퍼붓고
얼음 꽝꽝 언 다음 날
당신을 만나고
밤새 끙끙 앓고 난 다음 날
후천이라는 것은
그렇게 새벽처럼 오는 것이다
우리가 모르는 사이에
꽃처럼 피었다 지는 것이다
열매처럼 매달렸다 떨어지는 것이다
잎처럼 푸르렀다
단풍 들면서 바닥에 뒹구는 것이다
허리까지 쑥 파묻혔다가
발목을 확 잡아당기는 것이다
눈도 멀고 귀도 먹었는데

일으켜 세워주는 손길이 있어
후천이라는 것은 그렇게
문도 열지 않고 찾아오는 것이다
미륵도 없이 그렇게
몸을 바꾸어
우리 앞에 매일 나타나는 것이다

밑밥

때깔 좋은 사과 같은
한 경지에 다다르려면
살이라도 떼어내
밑밥으로 던져주어야 하는 것이라고
그는 나무에 묻어달라고 했다
씨알 굵직한 과실나무면
더할 나위 없이 좋다고 했다
살아생전에
무엇 하나 심어놓은 것이 없어서
수확할 것도 없었다던 그는
세상에 빈 낚싯대만 드리우고 있다가
숨 놓을 때가 되어서야
마침내 깨달은 것이 있다고
먹음직스럽게 다진 밑밥을
내 앞에 들이밀었다
그러면서 제가 알고 있는 사람 중에
큰 것을 남긴
석가나 예수도 밑밥이라고 했다
그래서 자신도 작지만
밑밥이 되기로 했다면서

뿌리까지 내려가서
수관을 타고 천천히 올라가
가장 빛나고 둥근 열매가 되겠다고 했다

소금밭

소금 얻겠다고
바닷가까지 갈 필요 있겠느냐
물 다 빠지고
알갱이만 수북하게 남아 있는
저 묵정밭을 보아라
이팔청춘 시절부터
억센 팔다리밖에 가진 것이 없다고
근육 놀리면서 살아
땀 마를 새가 없었던 사내
이젠 힘 다 빠져나가고
바짝 마른 장작개비처럼 드러누웠으니
등이고 가슴이고
소금꽃이 허옇게 피었다
손으로 한 움큼 집어 맛을 보는데
눈물처럼 짜다
기생충처럼 방 하나 내고
살을 다 파 먹었는지
오래 담가놓고 절인 뼈마디가
썩은 나뭇가지처럼 뚝뚝 부러진다
저 사내에게 내가 배운 것도

소금 얻는 일이었으리
머리가 아니라
육신을 제대로 굴려야
맛 좋은 천일염 얻을 수 있다고
생생하게 가르쳐주신 저 사내
온몸에서 짠 내를 풍기면서
밭 하나 일구었던 것을 몰랐다
.

육필肉筆

덩굴손을 내밀어
바람 한 줄기 부여잡고
허공에 발 조심스레 디딘
나팔꽃이 온몸으로 쓴 육필이다
저 위에 분명 누가 있어
그 한 사람을 만나기 위해
담벼락에 육신을 부딪쳐 깨뜨리며
혈서를 쓰고 있다
사랑을 잃어버린 것일까
아니면 희망을 빼앗겨버린 것일까
침통한 표정으로 입 다물고 있는 한낮
나팔꽃에 앉아 있던 나비 한 마리가
이제 문득 깨달았다는 듯
날개를 연신 휘저으며 날아가고 있다
가볍게 써내려간 저 문장을 이해하겠다고
숲의 저 밑둥에서는
구렁이 한 마리가
살점 떨어져나가는 줄 모르고
그늘 사이로 기어가고 있다
꼿꼿하게 세울 붓대도 없는데

지상을 흔들며
단박에 써내려간 상형문자가
생의 매듭을 풀어줄 암호 같다
저 위의 누군가 답글이라고
빗방울 뚝뚝 떨어뜨리며
육필로 바닥에 뜻을 새기고 있다

등휨

조선 어미의
보드라운 살이라고
한 시절은 칼에 찔리고
대한 아비의
질기디 질긴 마음이라고
또 한 시절은 총에 맞아서
눈물을 흘리고
피를 쏟아냈을망정
상처가 깊은 몸끼리 서로
그렇게 지어미와 지아비가 되어서
발칙한 꽃도 피워내고
삭과도 맺게한 것이
짙푸른 우리의 산하 아니던가
휘돌아가는 우리의 강과 숲 아니던가
한때는 그렇게 등줄기가 휘어진
한때는 또 그렇게
흙 속에 목까지 파묻힌
그날을 못 잊겠다고
뼛속까지 생생하게 새기며
살아온 생 아닌가

한 몸속에
활활 타오르게 만드는 불같은 것도
단박에 식어버리는 물 같은 것도
다 같이 지니고 있어서
휘어 감으며 뻗어가는 것 아닌가
참으로 할 말이 많은
민족 같은 것이 등칡이네

대숲에서

엊그제 온종일
날카로운 볕에 상처 깊어서
대숲길 들어서는데
팔을 내밀고 껴안아주는
저 시퍼런 속살에
눈이 흐려지고 콧날이 시큰해진다
바람 세게 불어도 항시 꼿꼿하여
각혈의 목숨 달래주기에
대숲만 한 곳이 또 있을까
그늘이 한참 짙어서
불길에 지친 마음 내려놓고
숨어들기 좋은 곳이 대숲 아닐까
몇 살지 않는 골에도 절에도
뒤란에 대숲 하나는 꼭 있어서
갈라터진 생을 어루만져주는 것이다
그것도 모르고
비 한 번 내리고 나면
불끈 불끈 치솟는 대숲이 불순하다고
누구는 불을 질렀고
누구는 뿌리를 뽑아버렸는데

그 자리에 다시 무성하게 돋아나는 것이
곧은 심지 같은 것 아니냐
더 이상 물러설 수 없어
대나무 하나씩 베어들고
우우우 달려가며 봉기하는 오늘도
대숲은 푸른 몸을 흔들고 있었다

안개를 해독하다

번개에 맞고
소나기에 흠뻑 젖어
축축한 저 노숙의 사내가
물속에 가라앉았는지
꿈에서 깨어나지 않고 있다
상처투성이의 얼굴과 맨발 사이
풀어헤친 옷 안쪽에서
안개가 스멀스멀 기어나오고 있다
때 묻은 옷 한 벌 남겨놓은
저 사내가 안개로 자욱하다
불러줄 이름도 없고
벌어먹일 가족도 없고
뿌리 내릴 곳도 전혀 없이
떠돌아다닌 생이라
가슴에 안개만 품었을 것이다
안개로 하루를 견디고
안개로 한철을 지냈을 것이다
바람 불면 곧 무너질
허공의 벽 같은 것 말이다
저 사내 가는 곳마다

안개를 씨처럼 뿌리고 심었을 게다
안개를 자식처럼 키우며
안개를 애인처럼 데리고 놀았을 게다
무덤 가까운 삶이
한 치 앞도 보이지 않아서
안개 속으로 들어가고 싶은 법이다

늙은 앵두나무

손에 손에 든 불로
뜨겁게 달아오른 6월에는
왜 붉은 것들만 눈에 띄는 것인지
담장 아래 앵두가 실하게 열렸다
굳게 다문 저 입술을
어디서 본 적이 있는 것 같은데
칠흑처럼 어두웠던 일천구백의 그때
이팔청춘으로 낯선 땅에 끌려가
흑백의 사진 한 장 속에서
평생을 붙잡혀 있었던 여인네들
원치 않는 위안을 주면서
앵두라고 불리었던 그녀들
온몸이 망신창이가 되어
입 밖으로 토해낸 열매가
총알이거나 칼날이거나 틀림없다
모진 목숨 차마 끊지 못하고
돌아온 집 마당에도
휘휘 늘어지도록 앵두가 열렸다
그 누구도 손을 대지 않아
바닥에 떨어진 앵두가

지천으로 발에 밟혔다
이제 흰머리 가득한 저 나무에
앵두가 열리지 않는다고
늙은 여인네들 몇이서
침묵으로 시위를 하고 있다
한꺼번에 달아난 생을 되찾으려고
붉은 핏덩어리를 토해내고 있다

토마토

칼을 들었으니
손바닥 위에 올려놓은
토마토가 날카롭게 베어진다
뚝 떨어져나간 저 붉은 살점
손이 어느새 핏물로 축축하게 젖었다
생은 상처를 주는 것과
상처를 받는 것과
상처를 물끄러미 바라보는 것이 있어서
내가 들고 있는 쇠붙이와
쩍 갈라진 토마토와
저렇게 충만했던 몸과
저렇게 얇게 깎아낸 몸이 부딪혀
얼마나 깊은 상처를 내는 것일까
갈라진 토마토에서 쏟아져 나와
칼을 덮어주는 눈물
상처는 속에 감춰져 있어서
칼로 토마토를 베어낸 것을
상처와 상처가 만나
상처를 가려주는 것이라고 하자
한 상처가

다른 한 상처를
쓰다듬어주는 것이라고 하자
상처와 상처가 만나
몸을 포개는 것이라고 하자
토마토 같은 세상을 손에 올려놓고
상처를 씻어내는 늦은 저녁

꽃의 화법

무슨 꽃일까
궁금해 불쑥 다가갔더니
환한 빛의 덩어리네
색색의 꽃잎은 어디로 갔을까 했는데
눈에는 그림으로
귀에는 말씀으로 들어와 박혔네
꽃 피는 일이란
지난 계절의 상처에
절경 그려넣는 일이네
불립문자 전해주는 일이네
사월의 꽃 피는 것들은
무엇 하나씩 감춰가지고 나오는 것이라고
아직 꽃 떨어지지 않은 동백은
그날의 피처럼 붉어서 직유네
매화는 가엾은 마음이라서 은유네
산수유는 그 열매가 사랑이라서 환유고
진달래는 잃어버린 사람이라
의인이고
복사꽃은 죽은 넋이 찾아왔으니
상징이네

개나리를 반어라고 한다면
벚꽃은 역설이라고 해도 될까
봄에 핀 꽃 하나마다
절창의 시 한 수
불후의 그림 한 폭 담겼으니
사월에는 꽃에게 다가가
저들의 생을 찬찬히 읽어보아야겠네

식구食口

식구가 뭐 별 거 있습니까
피가 안 섞여도
살을 안 섞어도
밥을 같이 먹으면 식구가 되는 거지요
그러니까 쓸쓸하게 의자에 앉아
혼자 밥 먹지 말라는 말이지요
사월이라 날도 따뜻하니
있는 밥에 반찬 몇 가지 넣어
도시락 싸들고
뒷산에 올라가 밥 먹다가
물 한 모금 마시고 마른땅에 뿌려주면
풀도 꽃도 나무도 식구가 되는 것이지요
간혹 지나가는 나비 날아들고
들고양이도 기웃거리고
주인 잃은 강아지도 다가오면
밥 한 덩어리 던져주는 것이지요
그러면 한 식구가 되는 거 아닙니까
그리 오래된 이야기도 아니지요
지지리도 못살았던 그때
보리밥 한 사발씩 받아놓고

커다란 양은그릇에 국 담아놓고
너도 나도 숟가락 넣으며 퍼 먹었던
그 살가웠던 식구들 생각나지요
그런데 말이지요
세상의 모든 것이 식구 아닐까요
누군가 가득 내려준 이 신선한 공기를
함께 배불리 먹으니 말이지요

잘 죽는 일

지난 밤 사이
한꺼번에 쏟아진 장맛비에
간신히 버티고 섰던
집안의 늙은 나무
가지 부러지고 뿌리 드러내고
바닥에 기우뚱 쓰러져 누웠다
입으로는 숨을 쉬고
코로 간신히 허기를 달래는 저 양반
모진 비바람에 살 다 빼앗기고
뼈만 붙어 있는 당신
영등포 성모병원 3층
한 번씩 찾아갈 때마다
문짝도 없는 병실에
간혹 낯선 얼굴이 보이는데
한 해 다 지나가도록
눈만 뜨고 드러누운 요셉
당신 그렇게 누워 있을 동안에
찾아간 몇몇 영안실에서
잘 사는 것보다
잘 죽는 일이 더 어렵다는

말 들을 때마다
내가 무덤 속에 들어가 누운 것처럼
어두컴컴해졌다는 것이다
잘 죽는 일도 잘 사는 일처럼
열심히 배워야 될 것 같아서
유서도 써놓고 관 속에 들어가
탕탕 못 박는 소리 들어봐야겠다

장미의 법칙

수면 아래 있다가
생의 속내를 한꺼번에 드러내는
각혈의 법칙이다
나를 밟고 앞서 가라 하고
저는 분신으로 다 태워버리는
부활의 법칙이다
때로는 절대적인 사랑이라던가
무조건의 희생이라던가
무덤 속까지의 약속인 것이다
반성도 없이 잠든 세상을 깨워
한 수 가르치겠다고
손에 손에 횃불을 들고 서서
어둠을 밝히는 법칙이다
곪고 병들은 시대에
피눈물 흘리는 법칙이다
참회하고 용서하고
기도하고 합장하는 손길의 수인이고
십자가인 법칙이다
우주를 다 품고 가겠다는
하늘의 별 같은 것이라서

지상의 중심에 깊이 파고든
배꼽 같은 법칙이다
담장 위에 올라앉아
세상 불태울 궁리를 하고
새 날을 열려고 하는 법칙이다

어깨

미루나무에
한철 지냈을 새의 둥지가 얹혀 있다
북한산 등성이에
환한 보름달이 기대어 있다
산수유가지에
붉은 열매가 주렁주렁 매달려 있다
어깨에 무거운 짐을 올려놓고 있으니
분명 아버지쯤 되는가 보다
당신도 나를 무등 태워서
강을 건너가신 적 있었지
내가 깃털처럼 가볍다고
손으로 꼭 붙잡은 적 있었지
저 어깨가 없었다면
나래 펼치고 날아갈 수 없었을 게고
빛도 없이 눈이 멀었을 테고
새로운 탄생을 감히 볼 수 있었을까
어제 흙으로 돌아간 당신이
새벽같이 새가 되어 날아와 어깨에 앉았다
별이 되어
저녁 늦게까지 어깨에 기대어 있다

밤새도록 굵은 눈발이 되어
이쪽저쪽 어깨에 매달려 있다
생生이란 어깨가 되는 것
명命이란 어깨를 빌려주는 것
그 묵직한 목숨이 어깨가 되어서
세상은 수레처럼 굴러가는 것이다

포도밭 경전

대부도 바닷가 언덕 위에
검붉은 경전이 펼쳐져 있다
그 옛날, 최초의 말씀을 적어놓은
상형문자가 주렁주렁 매달려 있다
우리네 삶이란
황무지를 일구며 돌을 골라내고
씨 뿌리는 일이 아닌가
제멋대로 돋아난 풀을 뽑아내고
충만한 열매 어여 보고 싶어서
물 주는 일 아닌가
포도 한 송이 속에
햇살이나 바람이나 가득하여
도대체 어디에서 왔을까
생이 때때로 궁금하다고
키 낮은 포도밭으로 들어가
게송으로 되읽으면
무상한 생이 달콤할 것 같아
바닷가 언덕을 한참 거니는데
발아래 펼쳐진 푸른 물밭에도
잘 익은 포도 같은

물고기를 숨겨놓았으리라
세상의 모든 밭은 경전이라서
목숨으로 얻어낸 말씀으로
포도밭이 가득하여
당신에게 귀의하겠다고 무릎을 꿇는데
포도 한 송이가 머리를 툭 친다

울음잡기

아직도 그 소리를
잡지 못했다
나무에 묶인
손과 발에 망치로 못을 박고
입속에서 나오는 것이 아니라
몸에서 나오는 소리
그 소리를 듣지 못했다
핏줄이 터지는 그 신음 소리
뼈마디가 부서지는 그 비명 소리
숨 막히는 고통이 아니라
숨 열어놓는 황홀한 그 소리
그 소리를 아직 듣지 못했다
몇천 도로 뜨겁게 달아올라
원하는 대로
두들기고 깎고
누구는 꽃으로 피었다고 하고
누구는 새가 되어 지저귄다고 하고
불로 타오르는 소리
물로 꺼져가는 소리
당신이 한 번도 내뱉지 않았던

그 소리
그 울음소리를 듣고 싶다
천둥을 닮은 그 소리
한 번 들으면
내 온몸이
징징, 울어버리는 그 소리

꽃 피고 새 날아다니는 밥상

때마다
상 차리는 일이 귀찮아서
들판에 산자락에 밥상을 묻은 뒤에
씨 뿌리고
알을 던져놓았더니
빗물에 햇살에 잘도 자라서
철따라 밖에 나가 밥 먹는다
꽃 피면 꽃밥 먹고
알 낳으면
알밥 먹는다
잎사귀는 비빔밥으로 먹고
뿌리는 장아찌 해서 먹는다
바람에 굴러온 열매로
하루를 넘기고
눈 내리면 한 움큼 눈밥 먹고
얼음 얼면
얼음을 씹어먹는다
아궁이도 없으므로
나무를 베어 불 피울 일도 없이
그릇 씻어

세상 더럽힐 일 없이
날 풀리는 이때쯤
꽃 피고 새 날아다니는
밥상을 받고 싶은 것이다

수박

박힌
손과 발에서
흘러내린 핏방울을 얻어
묵정밭에 심어놓고
발 끊은 지 몇 날인지
폭우 쏟아지고
햇살 뜨거워진 뒤에 찾아가보니
땅 위에
커다란 말씀 같은 열매가 올라왔다
그 몸을 갈라보니
속살이 붉었다
입가에 피를 뚝뚝 흘리면서
숟가락으로 파먹는다
날 선 칼로 베어먹는다
목구멍 속으로 삼킨 핏물이
손과 발을 묶어놓고 있어
나는 또
내 속에서 무럭무럭 자라는
선혈 한 덩어리 얻기 위해
어느 빈 밭에

나를 심어야 하는 것일까

피의 힘

피 없이
태어난 生 있는가
피 건네받지 아니하고
목숨 가진 生 있는가
당신에게서 피 물려받았으니
육신이 이렇게 뜨거운 것 아닌가
가슴이 그렇게 뛰는 것 아닌가
이 세상은
아버지의 피 한 방울과
어머니의 피 한 방울이 섞여
들녘에 민들레를 피우고
숲에 후박나뭇잎을 펼치고
허공에 저어새를 날리고
강에 연어를 거슬러 오르게 하니
피 흘리지 않고
알을 낳겠는가
피 토하지 않고 열매를 맺겠는가
당신이 흘린 피 한 방울이
뿌리를 축축하게 적셨으니
바위를 깨뜨리고

쇠를 뚫고 다시 올라오는 저것
나를 아버지로 만들어 놓은
피 한 방울의 저것
순혈純血의 당신 아닌가

침목枕木

시커먼
기름을 뒤집어쓰고
토막이 난 채 그는 누워 있었다
거대한 대못에 쾅쾅, 박혀서

그의 몸을
쇳덩어리 같은 세상이
빠르게 밟고 지나갔지만
의거의 비명도
혁명의
신음 소리도 내지 않았다

피 한 방울
살 한 점 뺏기지 않고
침묵의 뼈가 되기를 원했으므로
폐廢하여 걷어내었을 때
그 속이 불같이 뜨거운 무쇠로 변하였다

생에서 한 번은
무엇이라도

저렇게 밟고 간 적 있었을 것이다
기름을 끼얹어놓고
어떤 가슴에 못을 박은 적 있었을 것이다
당신 스스로 불질러버리라고
귓속말로 충동질한 적 있었을 것이다

침목에 발을 얹어놓는데
누군가 덜커덩,
내 발을 잘라버리고 빠르게 달려가고 있다

| 해설 |

꽃과 피의 律呂 혹은 생과 사의 변증법

김석준(문학평론가)

굽이굽이 생의 "비탈길"을 "아름다운 여행"(「따뜻한 속도」 중)으로 종결시키는 것은 가능한가. 생이 제로섬게임임이 증명된 순간에도 우리는 삶의 순간순간을 아름다운 몽상으로 채색할 수 있는가. 존재란 늘 그렇듯이 이중성 위에서 욕동하는 그 무엇으로 표상된다. 이중의 휨 작용 혹은 곡면 위에 기술되는 인간학적인 운명. 생에의 한 면이 "회귀의 꿈"과 "전생의 망명지"(「마지막 망명」 중) 사이에서 요동친다면, 그것의 또 다른 한 면은 늘 "해방의 길"(「뼈피리」 중)에 당도하기를 열망한다. 모순이 스멀스멀 기어 나온다. 변증법이라는 것 자체가 모순의 운동으로 짜여 있듯이, 우리는 언제나 모순 속에서 생과 사의 운명을 응시하게 된다. 우리는 언제나 생의 굴절면 위를 절묘하게 종주하다가 죽음의 기호가 저 멀리서 손짓한다는 사실을 직감하게 된다. 그렇다면 시인은 왜 그렇게도 생에의 의미탐구 쪽으로 시의 말머리를 몰아가는가. 도대체 김종제 시인에게 생은 어떤 의미이며 또 시살이 전체를 생의 "律呂"로 노래하는가.

사실 김종제 시인의 시살이 전체는 죽음의 흔적 속에서 길어 올린 생에의 몸짓인데, 그것이 바로 금번 상재한 『따뜻한 속도』의 시적 정체라 하겠다. 시인에게 산다는 것의 의미는 "한 목숨이 다른 한 목숨을 구하는 일"(「착한 밥상」 중)이거나 "선혈 같은 피" 흥건한 "순장 같은 저 生"(「순장殉葬」 중)을 위무하는 일인지도 모른다. 왜냐하면 자연인 김종제에게 시인의 임무란 "온몸으로/사랑하는"(「달의 발성법」 중) 그 마음속에 고스란히 기입되어 있기 때문이다. 때론 선혈이 낭자한 피 속에 열렬한 생에의 열도를 응고시키면서 때론 그 모든 인간학적 징후들을 꽃이라는 숭고한 상징물로 승화시키면서, 김종제 시인은 인간학 내부에서 현동하는 그 모든 의미의 사태들을 시말화하고 있다.

"벼랑의 生"(「둥근잎꿩의비름」 중) 혹은 "칼 같은 뼈"(「인민부처」 중). 죽음이 욕동하는 한가운데에서 생에의 형식이 추상된다. 여기를 둘러보아도 생에의 흔적이고 저기를 둘러보아도 죽음이 음습해있다. 이를테면 금번 상재한 김종제 시인의 『따뜻한 속도』 전체는 삶과 죽음 사이를 "율려律呂"(「물 끓는 소리」 중)라는 거대한 음률의 악기로 탄주하면서 그 모든 인간학적 징후들을 꽃과 피에 응고시키고 있다. 시인에게 피는 양가성을 띤 실체에 다름 아니다. 그것의 앞면이 "生을 펄펄 끓어오르게 하는 일"이나 "피가 뜨거워지는 일"(「땔감」 중)과 같은 생에의 의지를 표명하고 있다면, 그것의 뒷면엔 "선혈 한 덩어리"(「수박」 중) 콸콸 쏟아내는 "무상한 생"(「포도밭 경전」 중)에의 의미를 처절하게 각인시키고 있다. 죽음이다. 생에의 의지도 "꿈틀거리는 목숨"의 "희망찬 몸짓"도 그리고 "지상을 뜨겁게 달굴/생명"(「만삭滿朔」 중)도 다 사라져 무의 지대에 당도하게 된다. 비록 시인의 시말운동 전체가 꽃이 주는 아름다운 상징의 세계를 열망하기는 하지만, 따라서 시인에게 꽃은 인간의 한계지평을 돌파하는 숭고한 그 무엇으로 표상되지만, 금번 상재한 『따뜻한 속도』 전체는 다양한 생에의 무늬를 죽음본능으로 이접시키면서 삶-시간-세계에 관한 직관적 성찰에 이르고 있다 하겠다.

어머니의 궁宮같이
생명을 얻어내는 밭이다
씨뿌려 거두는 것이 아니라
울력으로 받아내는
목숨밭이다

-「느티배미」 일부

알을 깨고
배를 찢고
씨앗을 터뜨리고 나온
목숨들은 본래 다 월척이다

-「월척越尺」 일부

어미는 다 나침반인 게다
제 육신을 떼어 주었더니
눈이 광배처럼 떠지고
귀가 벼락처럼 열리고
생의 길이 한꺼번에 펼쳐지는 것이다

―「나침반」 일부

"열리지 않는 문"(「금강계단 비녀쇠 돌쩌귀」 중)이 생 앞에 가로 놓여 있다. 우리는 헤맨다. 여기도 미궁이고 저기도 미궁이다. "온몸의 피", 즉 "붉디붉은 선혈"(「둥근잎꿩의비름」 중)이 낭자하다. 비록 시인이 지향하는 삶의 문양 전체가 "사랑을 굽는"(「청화백자철사진사국화문병」 중) 온화한 몸짓이기는 하지만, 따라서 "칼과 같은 나와/진주 같은/당신"(「돌무지덧널무덤」 중) 사이를 사랑의 전언으로 채색하는 것이 금번 상재한 『따뜻한 속도』의 시말의 지향점이기는 하지만, 김종제 시인은 그 사랑 내부에 흐르는 고통스러운 징후들을 "한없이 부드러운 마음"(「희망에 대한 속설」 중)으로 위무하고 있다. 따라서 문제는 수없이 많은 미지의 기호들이 촘촘하게 저며져 있는 생에의 형식 그 자체에서 비롯한다. 지난한 노동의 현실과 인간애로 굽이치는 사랑 사이에서 "생의 길"이 펼쳐지듯이, 우리는 인륜적 가치체계를 통해서 생에의 척도를 측량하고 "목숨"의 의미를 되새기게 된다. 문득문득 삶의 심연에서 용솟음치는 존재론적 회의를 차근차근 키질하다가 시인은 인간학이 당도하는 궁극의 지점이 무엇인지를 깨닫게 된다.

인간학적 아포리아 혹은 죽음의 욕동. 우리는 이 양자 사이에서 생에의 나침반을 잃어버리거나 좌표계를 놓치게 된다. 길을 잃고 헤매다 문득 이 세계를 떠받치는 것이 바로 "묵묵한 노동"이라는 사실을 직감하게 된다. 소금밭으로 표상되는 "목숨밭"이 간절한 생에의 "나침반"이듯이, 우리는 그저 "생의 길"이 내어놓은 방향을 묵묵히 따라가다가 생에의 의미를 정관하게 된다. 앨런 와츠가 『물질과 생명』에서 말한 것처럼, 우리는 순환하는 에너지의 운동이다. 우리는 "층층의 소금밭"에서 순백의 결정체를 낳는 "염부鹽婦"가 되거나 "미끼"에 낚인 채 "파닥거리는 몸뚱어리"로 산화하게 된다. 늘 그렇듯이 생은 이것 아니면 저것으로 휘어지게 되는데, 그게 바로 생이 처한 인간학적 위치이다. 생의 이것이 꽃길로 난 아름다운 몽상의 세계라면, 생의 저것은 지난한 노동과 죽음본능의 시현이다. 이것과 저것 외에는 별달리 선택이 없다. 길은 외길인데, 그것이 바로 생의 앞면에 제시된 유일한 "나침반"이라 하겠다.

> 관을 내려놓고
> 며칠이 지났을까
> 입술이 바짝 말랐다
> 목이 시커멓게 타들어갔다
> 살은 쩍쩍 금이 가고 찢어졌다
> 사는 것이
> 죄라고 말씀드렸더니
> 마른 가슴에 비가 내리기 시작했다
> 눈을 버리고 맹목을 보라 했다

귀를 버리고 관음을 들으라 했다
혀를 버리고 함묵을 말하라 했다
그러니까 뼈로 서 있으라고 했다
정수리부터 발바닥까지
축축하게 불을 끼얹으라고 했다
육신을 모조리 허물고
바닥부터 다시 시작하라고 했다
씨앗을 터뜨리는 일부터
꼿꼿하게 대를 세우고
잎을 펼치는 일까지
꽃 피는 일이란 얼마나 위대한가
사나흘 전부터 곡기를 끊고
목욕재계로 용맹하게 돌진하였으니
귀한 목숨 하나 건졌다
미륵이 활짝 피었다

—「목욕재계」 전문

이제까지 "살아온 생"(「등촭」 중)이 "갈라터진 생"(「대숲에서」 중)으로 판명 난 순간, 우리는 속 깊은 "생의 속내"(「장미의 법칙」 중)를 알 수 있을까. 모른다. 절망적인 미궁이 눈앞에 가로놓여있다는 사실만을 자인하게 된다. 생에의 끈을 내려놓듯, "관을 내려놓"게 된다. 그것을 끝으로 "한 생生이 완치"(「꽃자리」 중)되고 종료된다. 생과의 사의 변증법적 운동의 승자는 항상 생이 아니라 죽음이다. 아니 더 정확하게 말해서 생의 律呂는 청명한 가야금산조의 자유분방한 노랫가락에서 슬픈 아쟁의 如如로운 음률로 휘어지게 되는데, 그것이 바로 금번 상재한 『따뜻한 속도』 속에 내파된 시적 呂律이다. 때론 반복의 리듬이나 어감을 통한 생에의 여율을 난숙한 시적 문체로 승화시키면서 때론 생-세계 전체를 따스하고 감성적인 시말 내부에 응결시키면서, 김종제 시인은 생에의 진법 전체를 깨달음의 영역에 위치시키고 있다.

특히 시 「목욕재계」가 그러한데, 시인에게 시란 단순하게 언어의 진법을 설계하는 시말의 새로운 국면이 아니라 언어의 끝에 존재가 매달리는 형국이라 하겠다. 말의 운동은 존재의 운동이다. 이를테면 시인의 시살이 전체는 말의 앞뒷면에 자리한 존재의 음영을 진리의 시선으로 응시하면서 생 전체를 정갈하게 "목욕재계"하듯이 정언적 태도를 시말 내부에 안치시키고 있다. 마치 생에의 운동이 無라는 미지의 공간에 귀의해 안착하는 것처럼, 어쩌면 우리가 그렇게도 욕망해마지않았던 삶-시간-세계의 초상들을 가볍게 기화시키고 있는지도 모른다. 왜냐하면 인간학적 도정이란 늘 그렇듯이 그 모든 개연적 사태들을 죽음의 과정으로 수렴시키기 때문이다. 따라서 취함이 아니라 버림이 최선이다. "눈, 귀, 혀, 육신"이라는 욕망의 체계를 버리고, "맹목, 관음, 함묵, 바닥"이라는 본원적인 가치를 취하는 바로 그 지점에 "꽃 피는 일"이 있고, "미륵"이 있다. 자인Sein의 세계에서 졸렌Sollen의 세계에로의 질적 전환 혹은 영원회귀의 극적인 순간. 김종제 시인에게 생에의 형식이란 "목숨 가진 生"(「피의 힘」 중)이 겪어야만 하는 그 다양한 존재의 문양을 고스란히 현현시켜 생에의 지고한 의미를 "다시"라는 부사 내부에 응고시키는 것이라 하겠다. 생은 다시의 반복이다. 설령 시인의 그것이 "달아난 생"(「늙은 앵두나무」 중)이나 "떠돌아다닌 생"(「안개를 해독하다」 중)의 흔적들을 시말화하고 있기는 하지만, 『따뜻한 속도』 전체는 "귀한 목숨 하나 건"지는 如如로운 생명의 운동에 다름 아니다.

> 한 생이
> 한 생에게 바친
> 愛情이 얼마나 뜨거웠는지
> 나는 감히 눈을 뜰 수가 없었다
>
> —「순장殉葬」 일부

> 무쇠를 밀고 나왔다
> 바위를 넘어뜨리고 나왔다
> 바닥의 장미도
> 허공의 태양도
> 관에서 나온 것이다
> 그 모든 자궁을 열고 나왔다
>
> —「관」 일부

> 삶과
> 뿌리의 그 사이
> 꽃과
> 죽음의 그 경계
> 목숨으로 밀고 나가는

사랑은 저렇게 황홀한 법이다

—「둥근잎꿩의비름」 일부

시간이 펼쳐내는 직선적인 생에의 운동은 인간학적인 운명을 항상 사랑이라는 곡면 위에 간절하게 색인하게 된다. 사랑의 저편이 고고학적인 시간의 흔적을 죽음의 형식으로 체현하고 있다면, 사랑의 이편은 생에의 律呂가 탄주되는 아름다운 영혼의 제의라 하겠다. 마치 생과 사의 변증법적 운동 내부에 사랑이라는 내밀한 법칙이 은밀하게 숨어 있는 것처럼, 시인의 시말운동은 잊히고 사라진 문명적 사실들을 인류학적 상상력으로 재구하여 문면에 안치시키고 있다. 때론 자연이 펼쳐내는 律呂를 여율의 리듬으로 탄주하면서 때론 생명이 펼쳐내는 저 지고한 생에의 의지를 숭고한 시선으로 바라보면서, 시인 김종제는 생에의 음율을 사랑의 여율로 노래하고 있다.

그러나 시인의 이러한 태도에도 불구하고 생에의 형식이란 결코 "번역할 수 없는/언어"(「눈꺼풀 언어」 중)로 짜여 있다고 말하는 것이 타당하다. 생은 엔트로피 공식의 사자이다. 왜냐하면 생의 뒷면에서 늘 죽음본능이 스멀스멀 기어 나오고 있기 때문이다. 저 "순장" 같고 "관" 같은 것이 생의 본모습이고 생이 도달하는 궁극의 지점이다. 비록 시인의 시살이가 핏빛 그득한 운명적 삶을 청명한 꽃으로 승화시키기를 열망하지만, 생은 언제나 "허공을 딛고" 있는 "벼랑의 생"이다. 미지의 공간으로 침몰하는 생의 이면에 늘 죽음의 그림자가 드리워져 있다. 사실 시인에게 산다는 것은 희망과 친숙해지는 과정이 아니라, 죽음과 친숙해지는 과정이나 진배

없다. 왜냐하면 시인이 그렇게도 열망했던 "사랑"이라는 것도 따지고 보면 죽음본능이 체현되는 하나의 과정적 실체에 지나지 않기 때문이다. 따라서 "잘 사는 것보다/잘 죽는 일이 더 어렵다"(「잘 죽는 일」 중)라는 시인의 전언은 생이 직면한 본질적인 문제를 총체적으로 노정하고 있다 하겠다. 마치 인간에게 허여된 시간의 본질이 생과 사의 변증법적 운동 내부에 고스란히 기입되어 있는 것처럼, 우리는 생을 표상하는 "꽃과/죽음의 그 경계"에서 외줄을 타는 중음신에 다름 아니다.

꽃은
죽은 이의
무덤이다 묘墓다
사랑이 들었든 병에 걸렸든
끝까지 갔으므로
마침내 목숨 놓는 순간
관을 닫는 사이에
땅에 묻고 돌아서는 찰라에
화신化身이 되어
꽃은 핀다
그래서 꽃을 보면
그렇게 눈물이 쏟아지는 것이다
그래서 꽃을 가까이 하면
그렇게 지독하게 아픈 것이다
저 불귀의 혼을 달랜다고

꽃을 뿌리고
꽃을 밟는 것이다
예전에 누군가
이 몸을 묘墓에 쓴다고
씨앗을 심어두었는지
꽃이 활활 피고 있다

―「꽃묘」 전문

생명의 노래는 죽음의 노래로 휘어져 삶―시간―세계 전체를 잿빛으로 물들이게 된다. 한때 화려했고 아름다웠던 생도 이내 시들어 "무덤 가까운 삶"(「안개를 해독하다」 중)이 펼쳐진다는 사실을 직감하게 된다. "사랑"도 죽음에 이르고 생에의 아름다운 순간도 마침내는 "병"들어 죽음에 당도하게 된다. 그런데 시인 김종제는 시 「꽃묘」를 통해서 새로운 생에의 진법을 설계하게 되는데, 그것은 일종에 "생의 매듭을 풀어줄 암호"(「육필肉筆」 중)에 다름 아니다. 시인에게 꽃은 인간학적 비의를 깨닫게 만든 알레고리이다. 영원회귀 혹은 타나토스의 체현. 꽃들이 만발하기도 하고 죽음꽃이 피기도 한다. 화려하게 치장한 꽃들이 만발한 세상은 아름답다 못해 풍요롭기까지 한데, 그것은 "물의 숨결"과 "숲의 핏줄"이 "대지의 심장"(「꽃봉오리 다 터져버렸땅께」 중)과 한데 어우러져 생을 구가하는 생명들의 향연이다.

그러나 "세상의 모든 것에는/숨겨진 문"(「문門」 중), 즉 無라는 존재의 구멍이 엄존해 있어 생 전체를 미궁에 빠뜨린다. 여기도 "눈물"이고 저기를 둘러보면 "불귀의 혼"이 온 천하를 배회하고 있다. 생에의 형식이 시간의 주인으로 위치하지 않은 한, 우리는 언제나 꽃과 묘 사이에서 방황하는 재귀적 반복의 형식으로 산화하게 된다. 아니 아무리 차이 나는 삶을 살아가더라도 우리는 동일한 죽음의 반복이다. 그런데 김종제 시인은 그러한 인간학적 한계상황을 생명이 순환하는 법칙으로 응결시키면서 생이 처한 비극적 현실을 따스한 손길로 위무하고 있다. 모든 것이 순환한다. 죽음은 생으로 이접되어 꽃의 화신化身으로 탄생하고, 그 화신의 생이 다시 "목숨"을 내려놓는 바로 그 지점을 주밀하게 살피면서, 시인은 삶-시간-세계의 내밀한 법칙을 발견하게 된다.

모든 생명은 항상 그 자리에 머물러 있을 수 없다. 존재란 무거움이 아니라 가벼움이다. 열역학제이법칙에의 순응 혹은 엔드로피 법칙. 시간 앞에 우리는 지워진다. 설령 시인의 시말운동이 "풀도 꽃도 나무도 식구"(「식구食口」 중)가 되는 인륜적 가치를 지향하지만, 따라서 삶-시간-세계 전체를 사랑의 전언으로 포월하기를 열망하지만, 모든 것은 소멸의 운동, 즉 슬픔으로 재귀하는 운동에 다름 아니다. 그런데 시인 김종제는 생과 사의 변증법적 운동 내부를 꽃으로 매개시키면서 생명의 흐름 전체를 순순환적 운동으로 치환시키고 있다. 따라서 꽃은 생과 사의 경계면에 위치한 영과 육을 실어 나르는 매개물이거나 생명이 탄생 소멸하는 화이트홀이자 블랙홀이다.

무릎이 없었다면
그 무엇이든
가까이 갈 수 없었을 것이다

무릎이 있어
진정한 용서가 되는 법이다

―「무릎」 일부

세상의 모든 어미는
문맹이다
입술과 혀 대신
가슴으로 읽고
눈빛으로 가르친다

―「문맹文盲」 일부

내 살을 팔아서
허기진 사람들에게
밥 한 그릇 나눠주고
내 피를 팔아서
목마른 사람들에게
물 한 모금 나눠주는
등신 같은 짓만 골라서 한다면
세상은 조금 아름다워지겠지요

―「등신等神」 일부

"생은 상처를 주는 것과/상처를 받는 것과/상처를 물끄러미 바라보는 것(「토마토」 중) 사이에 존재한다. 그것은 역으로 상처가 아닌 곳에 생이 존재하지 않는다는 말과 같다. 분명 금번 상재한 김종제 시인의 『따뜻한 속도』는 상처 그득한 "배고픈 이승"(「얼음 감옥」 중)의 삶을 다양한 문양으로 그려내고 있는데, 그것이 바로 이 세계가 처한 위치이자 시인의 시선에 투시된 세계의 존재론적 양태이다. 그런데 김종제 시인의 그것이 아름답고 숭고한 것은 죽음꽃이 핀 상처의 지대를 밝고 투명한 꽃의 심급으로 치유하고 있다는 점이다. 저 생에의 열도 그득한 선혈이 낭자한 피의 지대를 아름다운 꽃의 심상으로 감싸 안으면서 시인은 진정한 "용서"가 무엇인지를 심도 있게 성찰하고 있다. 시 「무릎」은 "복종만큼 아름다운 것"이 없고 "복종만큼 향기로운 것"(「꽃의 복종」 중)이 없음을 예증한 작품이라 하겠다. 시인에게 "무릎"은 생명과 생명이 만나는 공간이자, 생을 생이게끔 만드는 인륜적 공간이다. 무릎은 노동의 다리이다. 무릎은 삶의 비의를 깨닫는 구도의 길을 잇는 가교이다. 따라서 무릎은 삶의 이편과 저편 사이에 놓인 절편과도 같은 불연성의 지대를 연속성으로 이접시켜 양자를 공존시키는 매개물이다.

모든 것을 포용하고 "진정한 용서"가 이루어지는 인륜적 공간인 무릎은 또 모든 것이 공존할 수 있는 상생의 공간이기도 하다. 그런데 김종제 시인의 그러한 의식은 시 「문맹文盲」에 언표된 아가페적인 사랑의 심급이 있었기 때문에 가능하지 않을까. 문맹은 맹목의 사랑이다. 아니 역으로 "입술과 혀"로 핥아주고 어루만져주는 어머니의 맹목의 사랑이 없다면, 이 세계는 존재할 수 없다. 금번 상재한 『따뜻한 속도』에 언표된 시말들이 따스하고 정감어린 것은 모두 다 어머니의 맹목적 사랑 위에서 현동하기 때문이다. 설령 우리가 살아가는 이 세계가 "각혈의 법칙"이나 "피눈물 흘리는 법칙"

으로 휘어진 순간에도 어머니의 맹목의 사랑은 "어둠을 밝히는 법칙"이자 "새 날을 열려고 하는 법칙"(「장미의 법칙」 중)이라 하겠다. 어쩌면 시인이 열망하는 이 세계의 상은 "석가나 예수도 밑밥"(「밑밥」 중)으로 산화하는 자성청정한 순백의 공간인지도 모른다. 왜냐하면 사랑은 그 자체로 이 세계를 떠받치는 근원적인 실재이기 때문이다. 꽃의 전언으로 화답하고 사랑 그득한 "눈빛"으로 이 세계를 화육시키는 것이 바로 시 「문맹文盲」의 정체이자, 『따뜻한 속도』가 궁극적으로 지향하는 세계이다.

따라서 시인의 시살이 전체는 명민하고 빠릿빠릿한 자본의 구조에 길들여진 디지털이 아니라 아날로그적 서정이 그득 풍겨져 나온다. 만약에 김종제 시인의 시적 정체성이 그와 같다면, 그것은 바로 정신분열증에 빠진 후기산업사회의 자화상에 비판의 칼날을 벼리는 것이라 하겠다. 시 「등신等神」은 아큐이다. 아니 서정은 등신이고 아큐이다. 왜냐하면 서정은 허기진 너를 불러 "밥 한 그릇 나눠주"는 그 지대에 은일하게 숨어 있는 따뜻한 인간애에 다름 아니기 때문이다. 안온하고 풍요로웠다. 서정은 "바보"고 "벽창호"이자 "백치"다. 서정이 아름다운 이유가 바로 이 지점인데, 그것은 바로 이용가능성과 계산가능성만을 지상의 목표로 삼는 계몽적 이성에 대한 거부의 몸짓이 서정 내부에 잔존해있기 때문이다. 비록 거대 자본의 구조에 모든 문화예술이 상품으로 전락했지만, 따라서 모든 예술이 자본의 노예로 전락했지만, 김종제 시인의 그것은 따스한 인간애를 생명의 律呂로 노래하면서 자본적 현실에 지친 소시민의 삶을 따스한 시말로 위무하고 있다.

김종제의 『따뜻한 속도』는 삶의 노래이자 생명의 노래이다. 비록 도처에 죽음의 흔적들에 대한 단상들을 여기저기 산종시키기는 했지만, 시인의 시살이 전체는 그 모든 인간학적 징후들을 사랑의 심급 밑으로 가라앉히고 있다 하겠다. 다음의 짤막하게 인용한 시들은 김종제 시인의 마음자리이자, 그가 시를 쓰는 근본감정에 해당한다.

꽃 피는 일이란
지난 계절의 상처에
절경 그려넣는 일이네
불립문자 전해주는 일이네

—「꽃의 화법」 일부

뿌리를 살며시 내리고
제 가진 피와 살을 나눠주는
그곳이 어디든지
꽃자리가 틀림없다

—「꽃자리」 일부

시인에게 꽃은 시 「꽃의 화법」에서 말한 것처럼, 시말의 가능적 근거이자 비등점이다. 꽃이 있는 곳에 말이 있고 세계가 있고, 시인의 존재론적 위치 또한 중층결정되어 있다. 이를테면 "꽃의 화법"이 시의 화법을 의미하는데, 그것은 바로 꽃의 상처 내부에 시말이 은거해있기 때문이다. 따라서 꽃이 피고 지는 일을 보는 것은 생의 의미를 찬찬히 읽는 것이나 진배없다. 왜냐하면 바로 그 꽃자리 내부에 인간학적 운명이 고스란히 담겨져 있기 때문이다. 때론 "가엾은 마음"의 매화꽃이라는 은유가 피어나고 때론 "죽은 넋"의 "복사꽃"을 피워내기도 하면서, 시인 김종제는 피울음 토하는 꽃의 전언들을 차근차근 문면에 안치시키고 있다. 꽃의 표정은 세계의 표정이자 시말의 표정이다. 마치 꽃의 전언이 마음에서 마음으로 전해지는 "불립문자"로 표상되는 것처럼, 시인은 "누이"의 삶-시간-세계 속에 새겨진 애절한 꽃문양을 사랑스런 꽃의 화법으로 위무하고 있다. 따라서 꽃의 표정은 삶의 표정이다. 때론 꽃의 문양 내부에서 "캄캄한 막장의 바닥"을 읽어내면서 때론 꽃이 전하는 "절창의 시 한 수"를 읊조리면서 수많은 의미들이 색인되어 있는 꽃자리가 곧 인생길임을 대변하고 있다. 어쩌면 김종제 시인의 시살이 전체는 꽃의 삶과 일치하고 있는지도 모른다. 왜냐하면 꽃이 피고 진 후 씨앗을 맺는 여정이 인간에게 허여된 인생길과 너무도 닮아 있기 때문이다. 그러므로 시인에게 꽃의 길은 생명의 길이다. 서로가 서로에게 기댈 수 있는 "어깨"가 되는 버팀목 같은 그 지대가 바로 꽃이고 꽃길이다. 생명의 "수레"가 서로 맞물려 서로를 격려하고 위무하는 것처럼, 시인은 "생生"과 "명命" 사이를 따스한 전언으로 가로질러 인간에게 허여된 삶-시간-세계의 본질을 꽃의 전언으로 노래하고 있다. 아 섬세하고 "따뜻한 속도"로 느릿느릿하게 세계 공간 전체를 완상하면서 우리가 살아가는 일상의 공간을 생명의 온기로 가득 채우는 바로 그것이 금번 상재한 『따뜻한 속도』의 정체라 하겠다.

생生이란 어깨가 되는 것

명命이란 어깨를 빌려주는 것
그 묵직한 목숨이 어깨가 되어서
세상은 수레처럼 굴러가는 것이다

—「어깨」 일부

문학의전당 · 시인선 120
따뜻한 속도

ⓒ 김종제

초판인쇄 2011년 10월 10일
초판발행 2011년 10월 17일

지 은 이 김종제
펴 낸 이 김충규
펴 낸 곳 문학의전당
출판등록 제387-2003-00048호(2003년 9월 8일)

주 소 420-752 경기 부천시 원미구 상동 392 한아름마을 1511-1603
사 무 실 121-718 서울시 마포구 공덕2동 404 풍림VIP빌딩 413호

전화번호 02-852-1977
팩시밀리 02-852-1978
전자우편 mhjd2003@naver.com
블 로 그 http://blog.naver.com/mhjd2003

I S B N 978-89-97176-04-5 03810

*이 시집은 2011년 서울문화재단의 창작기금을 받아 제작되었습니다.